LES

CONTES DES FÉES

PARIS. — IMPRIMERIE A.-E. ROCHETTE

72-80. Boulevard Montparnasse. 72-80

QUATRE

CONTES DE PERRAULT

SUIVIS DE

HISTOIRE DE MOUTONNET

PAR

M. H. CANTEL

PARIS

F. CANTEL ET Cⁱᵉ, ÉDITEURS

13, RUE HAUTEFEUILLE, 13

LE PETIT POUCET

Il était une fois un bûcheron et une bûcheronne qui avaient sept enfants, tous garçons; l'aîné n'avait que dix ans, et le plus jeune n'en avait que sept.

Ils étaient fort pauvres, et leurs sept enfants les incommodaient beaucoup, parce qu'aucun d'eux ne pouvait encore gagner sa vie. Ce qui les chagrinait encore, c'est que le plus jeune était fort délicat et ne disait mot ; ils prenaient pour bêtise ce qui était une marque de la bonté de son esprit.

Il était fort petit, et quand il vint au monde il n'était guère plus gros que le pouce, ce qui fit qu'on l'appela le petit Poucet. Ce pauvre enfant était le souffre-douleur de la maison, et on lui donnait toujours le tort. Cependant il était le plus fin et le plus avisé de ses frères ; et s'il parlait peu, il écoutait beaucoup.

Il vint une année très-fâcheuse, et

la famine fut si grande, que ces pauvres gens résolurent de se défaire de leurs enfants.

Un soir que les enfants étaient couchés et que le bûcheron était au coin du feu avec sa femme, il lui dit, le cœur serré de douleur :

— Tu vois bien que nous ne pouvons plus nourrir nos enfants ; je ne saurais les voir mourir de faim devant mes yeux, et je suis résolu de les mener perdre demain au bois, ce qui sera bien aisé, car, tandis qu'ils s'amuseront à fagoter, nous n'avons qu'à nous enfuir sans qu'ils nous voient.

— Ah ! s'écria la bûcheronne, pourrais-tu bien toi-même mener perdre tes enfants?

Son mari avait beau lui représenter leur grande pauvreté, elle ne pouvait y consentir : elle était pauvre, mais elle était leur mère. Cependant, ayant considéré quelle douleur ce lui serait de les voir mourir de faim, elle y consentit, et alla se coucher en pleurant.

Mais le petit Poucet, qui cette nuit-là avait grand mal aux dents et ne pouvait dormir, s'était levé tout doucement et s'était glissé, sans être vu, sous l'escabelle de son père ; de là il avait entendu tout ce qu'ils avaient dit.

Il alla se recoucher, et ne dormit point le reste de la nuit, songeant à ce qu'il avait à faire. Il se leva de bon matin, et alla au bord d'un ruisseau, où il remplit ses poches de petits cailloux blancs, et ensuite revint à la maison.

On partit, et le petit Poucet ne découvrit à ses frères rien de tout ce qu'il savait.

Ils allèrent dans une forêt fort épaisse, où, à dix pas de distance, on ne se voyait pas l'un l'autre. Le bûcheron se mit à couper du bois, et ses enfants à ramasser des broutilles pour faire des fagots. Le père et la mère, les voyant occupés à travailler, s'éloignèrent d'eux insensiblement, et puis s'enfuirent tout à coup par un petit sentier détourné.

Lorsque ces enfants se virent seuls, ils se mirent à crier et à pleurer de toute leur force. Le petit Poucet les laissait crier, sachant bien par où ils reviendraient à la maison ; car, en marchant, il avait laissé tomber le long du chemin des petits cailloux blancs qu'il avait dans ses poches. Il leur dit donc :

— Ne craignez point, mes frères ; mon père et ma mère nous ont laissés ici, mais je vous ramènerai bien au logis. Suivez-moi seulement.

Ils le suivirent, et il les mena jusqu'à leur maison par le même chemin qu'ils étaient venus dans la forêt. Ils n'osèrent d'abord entrer ; mais ils se mirent tous contre la porte pour écouter ce que disaient leur père et leur mère.

Dans le moment que le bûcheron et la bûcheronne arrivèrent chez eux, le seigneur du village leur envoya dix écus qu'il leur devait, il y avait longtemps, et dont ils n'espéraient plus rien. Cela leur redonna la vie, car les pauvres gens mouraient de faim.

Le bûcheron envoya sur l'heure sa femme à la boucherie. Comme il y avait longtemps qu'ils n'avaient mangé, elle acheta trois fois plus de viande qu'il n'en fallait pour le souper de deux personnes.

Lorsqu'ils furent rassasiés, la bûcheronne dit :

— Hélas! où sont maintenant nos pauvres enfants? Ils feraient bonne chère de ce qui nous reste là. Mais aussi, Guillaume, c'est toi, toi qui les as voulu perdre ; j'avais bien dit que nous nous en repentirio ns ; que font-ils maintenant dans cette forêt? Hélas ! mon Dieu! les loups les ont peut-être déjà mangés ; tu es bien inhumain d'avoir perdu ainsi tes enfants.

Le bûcheron s'impatienta à la fin ; car elle redit plus de vingt fois qu'il s'en repentirait, et qu'elle l'avait bien dit. Il la menaça de la battre, si elle ne se taisait.

La bûcheronne était tout en pleurs :

— Hélas ! où sont maintenant mes enfants, mes pauvres enfants ?

Elle le dit une fois si haut, que les enfants, qui étaient à la porte, l'ayant entendue, se mirent à crier tous ensemble :

— Nous voilà ! nous voilà !

Elle courut vite leur ouvrir la

porte, et leur dit en les embrassant :

— Que je suis aise de vous revoir, mes chers enfants ! Vous êtes bien las et vous avez bien faim ; et toi, Pierrot, comme te voilà crotté ! viens, que je te débarbouille.

Ce pierrot était son fils aîné, qu'elle aimait plus que tous les autres, parce qu'il était un peu rousseau, et qu'elle était un peu rousse.

Ils se mirent à table, et mangèrent d'un appétit qui faisait plaisir au père et à la mère, à qui ils racontaient la peur qu'ils avaient eue dans la forêt, en parlant presque tous ensemble.

Ces bonnes gens étaient ravis de revoir leurs enfants avec eux, et cette

joie dura tant que les dix écus durèrent; mais lorsque l'argent fut
dépensé, ils retombèrent dans leur
premier chagrin, résolurent de les
perdre encore, et, pour ne pas man-
quer le coup, de les mener bien plus
loin que la première fois. Ils ne purent
parler de cela si secrètement, qu'ils
ne fussent entendus par le petit
Poucet, qui fit son compte de sortir
d'affaire comme il avait déjà fait;
mais, lorsqu'il se fut levé de bon
matin pour aller ramasser des petits
cailloux, il ne put en venir à bout,
car il trouva la porte de la maison
fermée à double tour.

Il ne savait que faire, lorsque la
bûcheronne, leur ayant donné à chacun un morceau de pain pour leur

déjeuner, il songea qu'il pourrait se
servir de son pain au lieu de cailloux,
en le jetant par miettes le long des
chemins où ils passeraient ; il le serra
donc dans sa poche.

Le père et la mère les menèrent
dans l'endroit de la forêt le plus épais
et le plus obscur ; et dès qu'ils y
furent, ils gagnèrent un faux-fuyant
et les laissèrent là.

Le petit Poucet ne s'en chagrina
pas beaucoup, parce qu'il croyait
retrouver aisément son chemin par le
moyen de son pain qu'il avait semé
partout où il avait passé ; mais il fut
bien surpris lorsqu'il ne put en retrouver une seule miette ; les oi-
seaux étaient venus, qui avaient tout
mangé.

2

Les voilà donc bien affligés ; car plus ils marchaient, plus ils s'égaraient, plus ils s'enfonçaient dans la forêt.

La nuit vint, et il s'éleva un grand vent qui leur faisait des peurs épouvantables. Ils pensaient n'entendre de tous côtés que des hurlements de loups qui venaient à eux pour les manger. Ils n'osaient presque se parler ni tourner la tête.

Il survint une grosse pluie qui les perça jusqu'aux os ; ils glissaient à chaque pas, tombaient dans la boue, d'où ils se relevaient tout crottés, ne sachant que faire de leurs mains.

Le petit Poucet grimpa au haut d'un arbre pour voir s'il ne découvrirait rien : tournant la tête de tous

côtés, il vit une petite lueur comme
d'une chandelle, mais qui était bien
loin par delà la forêt. Il descendit de
l'arbre, et lorsqu'il fut à terre, il ne
vit plus rien : cela le désola.

Cependant, ayant marché quelque
temps avec ses frères du côté qu'il
avait vu la lumière, il la revit en sor-
tant du bois. Ils arrivèrent enfin à la
maison où était cette chandelle, non
sans bien des frayeurs, car souvent
ils la perdaient de vue ; ce qui leur
arrivait toutes les fois qu'ils descen-
daient dans quelque fond.

Ils heurtèrent à la porte, et une
bonne femme vint leur ouvrir. Elle
leur demanda ce qu'ils voulaient.

Le petit Poucet lui dit qu'ils étaient
de pauvres enfants qui s'étaient per-

dus dans la forêt et qui demandaient à coucher par charité.

Cette femme, les voyant tous si jolis, se mit à pleurer, et leur dit :

— Hélas ! mes pauvres enfants, où êtes-vous venus? Savez-vous bien que c'est ici la maison d'un ogre qui mange les petits enfants?

— Hélas ! Madame, lui répondit le petit Poucet, qui tremblait de toute sa force aussi bien que ses frères, que ferons-nous ? Il est bien sûr que les loups de la forêt ne manqueront pas de nous manger cette nuit, si vous ne voulez pas nous retirer chez vous; et, cela étant, nous aimons mieux que ce soit Monsieur qui nous mange : peut-être qu'il aura pitié de nous, si vous voulez bien l'en prier.

La femme de l'ogre, qui crut qu'elle pourrait les cacher à son mari jusqu'au lendemain matin, les laissa entrer et les mena se chauffer auprès d'un bon feu, car il y avait un mouton tout entier à la broche pour le souper de l'ogre.

Comme ils commençaient à se chauffer, ils entendirent heurter trois ou quatre grands coups à la porte : c'é- l'ogre qui revenait. Aussitôt sa femme les fit cacher sous le lit, et alla ouvrir la porte.

L'ogre demanda d'abord si le souper était prêt et si on avait tiré du vin; et aussitôt il se mit à table. Le mouton était encore tout saignant, mais il ne lui sembla que meilleur. Il flairait à droite et à gauche, disant qu'il sentait la chair fraîche.

— Il faut, lui dit sa femme, que ce soit ce veau que je viens d'habiller, que vous sentez.

— Je sens la chair fraîche, te dis-je encore une fois, reprit l'ogre en regardant sa femme de travers, et il y a ici quelque chose que je n'entends pas.

En disant ces mots, il se leva de table et alla droit au lit.

— Ah ! dit-il, voilà donc comme tu veux me tromper, maudite femme ! Je ne sais à quoi il tient que je ne te mange aussi : bion t'en prend d'être une vieille bête ! Voilà du gibier qui me vient bien à propos pour traiter trois ogres de mes amis qui doivent me venir voir ces jours-ci.

Il les tira de dessous le lit l'un après l'autre.

Ces pauvres enfants se mirent à genoux en lui demandant pardon : mais ils avaient affaire au plus cruel de tous les ogres, qui, bien loin d'avoir de la pitié, les dévorait déjà des yeux, et disait à sa femme que ce seraient là de friands morceaux, lorsqu'elle leur aurait fait une bonne sauce.

Il alla prendre un grand couteau, et, en approchant de ces pauvres enfants, il l'aiguisait sur une longue pierre qu'il tenait à sa main gauche.

Il en avait déjà empoigné un, lorsque sa femme lui dit :

— Que voulez-vous faire à l'heure

qu'il est? N'aurez-vous pas assez de temps demain?

— Tais-toi, reprit l'ogre, ils en seront plus mortifiés.

— Mais vous avez encore tant de viande! reprit sa femme : voilà un veau, deux moutons et la moitié d'un cochon.

s raison, dit l'ogre, donne-leur bien à souper, afin qu'ils ne maigrissent pas, et va les mener coucher.

La bonne femme fut ravie de joie et leur porta bien à souper; mais ils ne purent manger, tant ils étaient saisis de peur.

Pour l'ogre, il se remit à boire, ravi d'avoir de quoi si bien régaler ses amis. Il but une douzaine de coups plus qu'à l'ordinaire, ce qui lui donna un peu dans la tête et l'obligea de s'aller coucher.

L'ogre avait sept filles qui n'étaient encore que des enfants : ces petites ogresses avaient toutes le teint fort beau, parce qu'elles mangeaient de la chair fraîche, comme leur père ; mais elles avaient des petits yeux gris et tout ronds, le nez crochu, et une fort grande bouche avec de longues dents fort aiguës et fort éloignées l'une de l'autre ; elles n'étaient pas encore fort méchantes, mais elles mordaient déjà les petits enfants pour en sucer le sang.

On les avait fait coucher de bonne heure, et elles étaient toutes sept dans un grand lit, ayant chacune une couronne d'or sur la tête.

Il y avait dans la même chambre un autre lit de la même grandeur : ce fut dans ce lit que la femme de l'ogre mit coucher les sept petits garçons, après quoi elle alla se coucher auprès de son mari.

Le petit Poucet, qui avait remarqué que les filles de l'ogre avaient des couronnes d'or sur la tête, et qui craignait qu'il ne prît à l'ogre quelque remords de ne les avoir pas égorgés dès le soir même, se leva vers le milieu de la nuit, et, prenant les bonnets de ses frères et le sien, il alla doucement les mettre sur la tête des sept filles de l'ogre, après leur avoir ôté leurs couronnes d'or, qu'il mit sur la tête de ses frères et sur la sienne, afin que l'ogre les prît pour ses filles, et ses filles pour les garçons qu'il voulait égorger.

La chose réussit comme il l'avait pensé; car l'ogre, s'étant éveillé sur le minuit, eut regret d'avoir différé au lendemain ce qu'il pouvait exécuter la veille. Il se jeta donc brusquement hors du lit, et, prenant son grand couteau :

— Allons voir, dit-il, comment se portent nos petits drôles ; n'en faisons pas à deux fois !

Il monta donc à tâtons à la chambre de ses filles, et s'approcha du lit où étaient les petits garçons, qui dormaient tous, excepté le petit Poucet, qui eut bien peur lorsqu'il sentit la main de l'ogre qui lui tâtait la tête, comme il avait tâté celle de tous ses frères.

L'ogre, qui sentit les couronnes d'or :

— Vraiment, dit-il, j'allais faire là un bel ouvrage ! je vois bien que j'ai bu trop hier au soir.

Il alla ensuite au lit de ses filles, où ayant senti les petits bonnets des garçons :

— Ah ! les voilà, dit-il, nos gaillards ! travaillons hardiment.

En disant ces mots, il coupa, sans balancer, la gorge de ses sept filles.

Fort content de cette expédition, il alla se recoucher auprès de sa femme.

Aussitôt que le petit Poucet entendit ronfler l'ogre, il réveilla ses frères, et leur dit de s'habiller promptement et de le suivre. Ils descendirent doucement dans le jardin et sautèrent par-dessus les murailles. Ils coururent presque toute la nuit, toujours en tremblant et sans savoir où ils allaient.

L'ogre, s'étant éveillé, dit à sa femme :

— Va-t'en là-haut habiller ces petits drôles d'hier au soir

L'ogresse fut fort étonnée de la bonté de son mari, ne se doutant point de la manière qu'il entendait qu'elle les habillât, et croyant qu'il lui ordonnait de les aller vêtir ; elle monta en haut, où elle fut bien surprise, lorsqu'elle aperçut ses sept filles égorgées et nageant dans leur sang. Elle s'évanouit.

L'ogre, craignant que sa femme ne fût trop longtemps à faire la besogne dont il l'avait chargée, monta en haut pour lui aider : il ne fut pas moins étonné que sa femme lorsqu'il vit cet affreux spectacle.

— Ah ! qu'ai-je fait là ? s'écria-t-il. Ils me le payeront, les malheureux, et tout à l'heure !

Il jeta aussitôt une potée d'eau dans le nez de sa femme, et l'ayant fait revenir :

— Donne-moi vite mes bottes de sept lieues, lui dit-il, afin que j'aille les attraper.

Il se mit en campagne, et après

avoir couru de tous côtés, il entra
enfin dans le chemin où marchaient
ces pauvres enfants, qui n'étaient
plus qu'à cent pas du logis de leur
père.

Ils virent l'ogre qui allait de montagne en montagne, et qui traversait
des rivières aussi aisément qu'il aurait fait du moindre ruisseau.

Le petit Poucet, qui vit un rocher
creux proche le lieu où ils étaient, y
fit cacher ses six frères et s'y fourra
aussi, regardant toujours ce que
l'ogre deviendrait.

L'ogre, qui se trouvait fort las du
chemin qu'il avait fait inutilement
(car les bottes de sept lieues fatiguent
fort leur homme), voulut se reposer
et, par hasard, il alla s'asseoir sur

la roche où les petits garçons s'é-
taient cachés.

Comme il n'en pouvait plus de fa-
tigue, il s'endormit après s'être re-
posé quelque temps, et vint à ronfler
si effroyablement, que les pauvres
enfants n'en eurent pas moins de
peur que quand il tenait son grand
couteau pour leur couper la gorge.

Le petit Poucet en eut moins de
peur ; il dit à ses frères de s'enfuir
promptement à la maison pendant
que l'ogre dormirait bien fort, et
qu'ils ne se missent point en peine de
lui. Ils crurent son conseil, et gagnèrent vite la maison.

Le petit Poucet, s'étant approché
de l'ogre, lui tira doucement ses
bottes et les mit aussitôt.

Les bottes étaient fort grandes et fort larges; mais, comme elles étaient fées, elles avaient le don de s'agrandir et de s'apetisser selon la jambe de celui qui les chaussait, de sorte qu'elles se trouvèrent aussi justes à ses pieds et à ses jambes que si elles eussent été faites pour lui.

Il alla droit à la maison de l'ogre, où il trouva sa femme qui pleurait auprès de ses filles égorgées.

— Votre mari, lui dit le petit Poucet, est en grand danger, car il a été pris par une troupe de voleurs qui ont juré de le tuer s'il ne leur donne tout son or et tout son argent. Dans le moment qu'ils lui tenaient le poignard sur la gorge, il m'a aperçu et m'a prié de vons venir

avertir de l'état où il est et de vous
dire de me donner tout ce qu'il a vail-
lant, sans en retenir, parce qu'autre-
ment ils le tueront sans miséricorde.
Comme la chose presse beaucoup, il
a voulu que je prisse ses bottes de
sept lieues, que voilà, pour faire dili-
gence, et aussi afin que vous ne
croyiez pas que je suis un affronteur.

La bonne femme, fort effrayée, lui
donna aussitôt tout ce qu'elle avait,
car cet ogre ne laissait pas d'être bon
mari, quoiqu'il mangeât les petits
enfants.

Le petit Poucet étant donc chargé
de toutes les richesses de l'ogre, s'en
revint au logis de son père, où il fut
reçu avec bien de la joie.

Il y a bien des gens qui ne demeu-

rent pas d'accord sur cette dernière
circonstance, et qui prétendent que
le petit Poucet n'a jamais fait ce vol
à l'ogre; qu'à la vérité il n'avait pas
fait conscience de lui prendre ses
bottes de sept lieues, parce qu'il ne
s'en servait que pour courir après
les petits enfants.

On assure que lorsque le petit Poucet eut chaussé les bottes de l'ogre,
il alla à la cour du roi, où l'on était
bien en peine d'une armée qui était à
deux cents lieues de là, et du succès
de la dernière bataille qu'on avait
donnée.

Il proposa au roi de lui rapporter
des nouvelles de l'armée avant la fin
du jour. Le roi lui promit une grosse
somme d'argent s'il en venait à bout.

Le petit Poucet rapporta des nouvelles dès le soir même, et cette première course l'ayant fait connaître, il gagnait tout ce qu'il voulait : car le roi le payait parfaitement pour porter ses ordres à l'armée.

Après avoir fait pendant quelque temps le métier de courrier et y avoir amassé beaucoup de bien, il revint chez son père, où il n'est pas possible d'imaginer la joie qu'on eut de le revoir.

Il mit toute sa famille à son aise ; il acheta des offices de nouvelle création pour son père et pour ses frères, et par là il les établit tous parfaitement bien.

LE CHAT BOTTÉ

Un meunier ne laissa pour tout
bien, à trois enfants qu'il avait, que
son moulin, son âne et son chat. Les
partages furent bientôt faits : ni le
notaire ni le procureur n'y furen

point appelés, ils auraient eu bientôt mangé tout le pauvre patrimoine.

L'aîné eut le moulin ; le second eut l'âne ; et le plus jeune n'eut que le chat.

Ce dernier ne pouvait se consoler d'avoir un si pauvre lot.

— Mes frères, disait-il, pourront gagner leurs vie honnêtement en se mettant ensemble : pour moi, lorsque j'aurai mangé mon chat, et que je me serai fait un manchon de sa peau, il faudra que je meure de faim.

Le Chat, qui entendait ce discours, mais qui n'en fit pas semblant, lui dit d'un air posé et sérieux :

— Ne vous affligez point, mon maître : vous n'avez qu'à me donner un sac et me faire faire une paire de

bottes pour aller dans les brous-
sailles, vous verrez que vous n'êtes
pas si mal partagé que vous croyez.

Quoique le maître du chat ne fît
pas grand fonds là-dessus, il lui avait
vu faire tant de tours de souplesse
pour prendre des rats et des souris,
comme quand il se pendait par les
pieds ou qu'il se cachait dans la farine
pour faire le mort, qu'il ne désespéra
pas d'en être secouru dans sa mi-
sère.

Lorsque le Chat eut ce qu'il avait
demandé, il se botta bravement ; et,
mettant son sac à son cou, il en prit
les cordons avec ses deux pattes de
de devant, et s'en alla dans une garenne où il y avait grand nombre de
lapins. Il mit du son et des lacerons

dans son sac ; et, s'étendant comme s'il eût été mort, il attendit que quelque jeune lapin, peu instruit encore des ruses de ce monde, vînt se fourrer dans son sac pour manger ce qu'il y avait mis.

A peine fut-il couché, qu'il eut contentement : un jeune étourdi de lapin entra dans son sac ; et le maître Chat, tirant aussitôt ses cordons, le prit et le tua sans miséricorde.

Tout glorieux de sa proie, il s'en alla chez le roi et demanda à lui parler.

On le fit monter à l'appartement de Sa Majesté, où, étant entré, il fit une grande révérence au roi, et lui dit :

— Voilà, sire, un lapin de garenne que M. le marquis de Carabas (c'était le nom qu'il lui prit en gré de donner à son maître) m'a chargé de vous présenter de sa part.

— Dis à ton maître, répondit le roi, que je le remercie et qu'il me fait plaisir.

Une autre fois, il alla se cacher dans un champ de blé, tenant toujours son sac ouvert ; et lorsque deux perdrix y furent entrées, il tira les cordons et les prit toutes deux.

Il alla ensuite les présenter au roi, comme il avait fait pour le lapin de garenne. Le roi reçut encore avec plaisir les deux perdrix, et lui fit donner pour boire.

Le Chat continua ainsi, pendant deux ou trois mois, à porter de temps en temps au roi du gibier de la chasse

de son maître. Un jour qu'il sut que
le roi devait aller à la promenade sur
le bord de la rivière avec sa fille, la
plus riche princesse du monde, il dit
à son maître :

— Si vous voulez suivre mon conseil, votre fortune est faite; vous n'a-
vez qu'à vous baigner dans la rivière,
à l'endroit que je vous montrerai, et
ensuite me laisser faire.

Le marquis de Carabas fit ce que
son Chat lui conseillait, sans savoir à
quoi cela serait bon.

Dans le temps qu'il se baignait, le
roi vint à passer ; et le Chat se mit à
crier de toute sa force :

— Au secours! au secours! voilà
M. le marquis de Carabas qui se noie!

A ce cri, le roi mit la tête à la portière ; et reconnaissant le Chat qui lui avait apporté tant de fois du gibier, il ordonna à ses gardes qu'on allât vite au secours de M. le marquis de Carabas.

Pendant qu'on retirait le pauvre marquis de la rivière, le Chat, s'approchant du carrosse, dit au roi que, dans le temps que son maître se baignait, il était venu des voleurs qui avaient emporté ses habits, quoiqu'il eût crié au voleur de toute sa force ; le drôle les avait cachés sous une grosse pierre.

Le roi ordonna aussitôt aux officiers de sa garde-robe d'aller quérir un de ses plus beaux habits pour M. le marquis de Carabas.

Le roi lui fit mille caresses, et

comme les beaux habits qu'on venait de lui donner relevaient sa bonne mine (car il était beau et bien fait de sa personne), et la fille du roi ne lui eut pas plus tôt jeté deux ou trois regards fort respectueux, qu'elle désira l'épouser.

Le roi voulut qu'il montât dans son carosse et qu'il fût de la promenade.

Le Chat, ravi de voir que son dessein commençait à réussir, prit les devants; et ayant rencontré des paysans qui fauchaient un pré, il leur dit :

— Bonnes gens qui fauchez, si vous ne dites au roi que le pré que vous fauchez appartient à M. le marquis de Carabas, vous serez tous hachés menu comme chair à pâté.

Le roi ne manqua pas à demander aux faucheurs à qui était ce pré qu'ils fauchaient.

C'est à M. le marquis de Carabas, dirent-ils tous ensemble; car la menace du Chat leur avait fait peur.

— Vous avez là un bel héritage, dit le roi au marquis de Carabas.

— Vous voyez, sire, répondit le marquis, c'est un pré qui ne manque point de rapporter abondamment toutes les années.

Le maître Chat, qui allait toujours devant, rencontra des moissonneurs, et leur dit :

— Bonnes gens qui moissonnez, si vous ne dites que tous ces blés appartiennent à M. le marquis de Carabas, vous serez tous hachés menu comme chair à pâté.

Le roi, qui passa un moment après, voulut savoir à qui appartenaient tous les blés qu'il voyait.

— C'est à M. le marquis de Carabas, répondirent les moissonneurs.

Et le roi s'en réjouit avec le marquis.

Le Chat, qui allait devant le carrosse, disait toujours la même chose à tous ceux qu'il rencontrait ; et le roi était étonné des grands biens de M. le marquis de Carabas.

Le maître Chat arriva enfin dans un beau château, dont le maître était un Ogre, le plus riche qu'on ait jamais vu : car toutes les terres par où

le roi avait passé étaient de la dé-
pendance de ce château.

Le Chat eut soin de s'informer qui
était cet ogre et ce qu'il savait faire,
et demanda à lui parler, disant qu'il
n'avait pas voulu passer si près de
son château sans avoir l'honneur de
lui faire la révérence.

L'Ogre le reçut aussi civilement
que le peut un ogre, et le fit reposer.

— On m'a assuré, dit le Chat, que
vous aviez le don de vous changer en
toutes sortes d'animaux; que vous
pouviez, par exemple, vous trans-
former en lion, en éléphant.

— Cela est vrai, répondit l'Ogre
brusquement, et, pour vous le mon-
trer, vous m'allez voir devenir lion.

Le Chat fut si effrayé de voir un lion devant lui, qu'il gagna aussitôt les gouttières, non sans peine et sans péril, à cause de ses bottes, qui ne valaient rien pour marcher sur les tuiles.

Quelque temps après, le Chat, ayant vu que l'Ogre avait quitté sa première forme, descendit et avoua qu'il avait eu bien peur.

— On m'a assuré encore, dit le Chat, mais je ne saurais le croire, que vous aviez aussi le pouvoir de prendre la forme des plus petits animaux ; par exemple, de vous changer en un rat, en une souris : je vous avoue que je tiens cela pour tout à fait impossible.

— Impossible! reprit l'Ogre ; vous allez le voir.

Et en même temps il se changea en une souris, qui se mit à courir sur le plancher.

Le Chat ne l'eut pas plus tôt aperçue, qu'il se jeta dessus et la mangea.

Cependant le roi, qui vit en passant le beau château de l'Ogre, voulut entrer dedans.

Le Chat, qui entendit le bruit du carrosse qui passait sur le pont-levis du château, courut au-devant, et dit au roi :

— Votre Majesté soit la bienvenue dans ce château de M. le marquis de Carabas !

—Comment ! monsieur le marquis, s'écria le roi, ce château est encore

4

à vous? Il ne se peut rien de plus beau que cette cour, et que tous ces bâtiments qui l'environnent; voyons le dedans, s'il vous plaît.

Le marquis donna la main à la jeune princesse; et suivant le roi qui montait le premier, ils entrèrent dans une grande salle, où ils trouvèrent une magnifique collation que l'Ogre avait fait préparer pour ses amis, qui le devaient venir voir ce même jour-là, mais qui n'avaient pas osé entrer, sachant que le roi y était.

Le roi, charmé des bonnes qualités de M. le marquis de Carabas, de même que sa fille, et voyant les grands biens qu'il possédait, lui dit, après avoir bu cinq à six coups :

— Il ne tiendra qu'à vous, monsieur le marquis, que vous ne soyez mon gendre.

Le marquis, faisant de grandes révérences, accepta l'honneur que lui faisait le roi; et dès le jour même, il épousa la princesse.

Le Chat devint grand seigneur, et ne courut plus après les souris que pour se divertir.

CENDRILLON

Il était une fois un gentilhomme qui épousa en secondes noces une femme, la plus hautaine et la plus fière qu'on eût jamais vue. Elle avait deux filles de son humeur, et qui lui

ressemblaient en toutes choses. Le
mari avait de son côté une jeune fille,
mais d'une douceur et d'une bonté
sans exemple : elle tenait cela de sa
mère, qui était la meilleure personne
du monde.

Les noces ne furent pas plus tôt
faites, que la belle-mère fit éclater
sa mauvaise humeur : elle ne put
souffrir les bonnes qualités de cette
jeune enfant, qui rendaient ses filles
encore plus haïssables.

Elle la chargea des plus viles oc-
cupations de la maison : c'était elle
qui nettoyait la vaisselle et les mon-
tées, qui frottait la chambre de Madame et celle de Mesdemoiselles ses
filles; elle couchait tout au haut de
la maison, dans un grenier, sur une

méchante paillasse, pendant que ses sœurs étaient dans des chambres parquetées, où elles avaient des lits des plus à la mode, et des miroirs où elles se voyaient depuis les pieds jusqu'à la tête.

La pauvre fille souffrait tout avec patience, et n'osait se plaindre à son père, qui l'aurait grondée.

Lorsqu'elle avait fait son ouvrage, elle s'allait mettre au coin de la cheminée, et s'asseoir dans les cendres, ce qui faisait qu'on l'appelait communément Cendrillon.

Cependant Cendrillon, avec ses méchants habits, ne laissait pas d'être cent fois plus belle que ses sœurs, quoique vêtues très - magnifique - ment.

Il arriva que le fils du roi donna une fête et qu'il en pria toutes les personnes de qualité. Nos deux demoiselles en furent aussi priées, car elles faisaient grande figure dans le pays.

Les voilà bien aises, et bien occupées à choisir les habits et les coiffures qui leurs siéraient le mieux. Nouvelle peine pour Cendrillon ; car c'était elle qni repassait le linge de ses sœurs, et qui goudronnait leurs manchette. On ne parlait que de la manière dont on s'habillerait.

— Moi, dit l'aînée, je mettrai mon habit de velours rouge et ma garniture d'Angleterre.

— Moi, dit la cadette, je n'aurai que ma jupe ordinaire ; mais, en compensation, je mettrai mon manteau à fleurs d'or et ma barrière de diamants, qui n'est pas des plus indifférentes.

On envoya quérir la bonne coiffeuse pour dresser les cornettes à deux rangs, et on fit acheter des mouches de la bonne faiseuse. Elles appelèrent Cendrillon pour lui demander son avis, car elle avait le goût bon. Cendrillon les conseilla le mieux du monde, et s'offrit même à les coiffer, ce qu'elles voulurent bien.

En les coiffant, elles lui disaient :

— Cendrillon, serais-tu bien aise d'aller à la fête ?

Hélas ! mesdemoiselles, vous vous moquez de moi ; ce n'est pas là ce qu'il me faut.

— Tu as raison, on rirait bien si on te voyait dans ce splendide palais. -

Une autre que Cendrillon les aurait coiffées de travers ; mais elle était bonne, et elle les coiffa parfaitement bien. Elles furent près de deux jours sans manger, tant elles étaient transportées de joie. On rompit plus de douze lacets à force de les serrer, pour leur rendre la taille plus menue ; et elles étaient toujours devant leur miroir.

Enfin, l'heureux jour arriva : on partit, et Cendrillon les suivit des yeux le plus longtemps qu'elle put. Lorsqu'elle ne les vit plus, elle se mit à pleurer.

Sa marraine, qui la vit tout en

pleurs, lui demanda ce qu'elle avait.

— Je voudrais bien... je voudrais bien...

Elle pleurait si fort, qu'elle ne put achever.

Sa marraine, qui était fée, lui dit :

— Tu voudrais bien aller là-bas, n'est-ce pas ?

— Hélas ! oui, dit Cendrillon en soupirant.

— Eh bien ! seras-tu bonne fille ? dit sa marraine, je t'y ferai aller.

Elle la mena dans sa chambre, et lui dit :

— Va dans le jardin, et apporte-moi une citrouille.

Cendrillon alla aussitôt cueillir la plus belle qu'elle put trouver et la porta à sa marraine, ne pouvant deviner comment cette citrouille la pourrait faire aller chez le roi.

Sa marraine la creusa et, n'ayant laissé que l'écorce, la frappa de sa baguette; et la citrouille fut aussitôt changée en un beau carrosse tout doré.

Ensuite, elle alla regarder dans sa souricière où elle trouva six souris toutes en vie.

Elle dit à Cendrillon de lever un peu la trappe de la souricière, et à chaque souris qui sortait, elle lui donnait un coup de baguette, et la souris était aussitôt changée en un beau cheval; ce qui fit un bel attelage de six chevaux d'un beau gris de souris pommelé.

Comme elle était en peine de quoi elle ferait un cocher :

— Je vais voir, dit Cendrillon, s'il n'y a point quelque rat dans la ratière, nous en ferons un cocher.

— Tu as raison, dit sa marraine, va voir.

Cendrillon lui apporta la ratière, où il y avait trois gros rats.

La fée en prit un d'entre les trois, à cause de sa maîtresse barbe ; et, l'ayant touché, il fut changé en un gros cocher, qui avait une des plus belles moustaches qu'on ait jamais vues.

Ensuite elle lui dit :

— Va dans le jardin, tu y trouveras six lézards derrière l'arrosoir ; apporte-les-moi.

Elle ne les eut pas plus tôt apportés, que la marraine les changea en six laquais, qui montèrent aussitôt derrière le carrosse, avec leurs habits chamarrés, et qui s'y tenaient attachés comme s'ils n'eussent fait autre chose de toute leur vie.

La fée dit alors à Cendrillon :

— Eh bien ! voilà de quoi aller au bal ; n'es-tu pas bien aise ?

— Oui ; mais est-ce que j'irai comme cela avec mes vilains habits ?

La marraine ne fit que la toucher de sa baguette, et en même temps ses habits furent changés en des habits de drap d'or et d'argent, tout chamarrés de pierreries ; elle lui donna ensuite une paire de pantoufles de verre, les plus jolies du monde.

Quand elle fut ainsi parée, elle monta en carrosse; mais sa marraine lui recommanda sur toutes choses de ne pas passer minuit, l'avertissant que, si elle demeurait au bal un moment davantage, son carrosse redeviendrait citrouille, ses chevaux des souris, ses laquais deslézards, et que ses vieux habits reprendraient leur première forme.

Elle promit à sa marraine qu'elle ne manquerait pas de sortir du bal avant minuit.

Elle part, ne se sentant pas de joie.

Le fils du roi, qu'on alla avertir qu'il venait d'arriver une grande princesse qu'on ne connaissait point, courut la recevoir; il lui donna la main à la descente du carrosse, et la mena dans la salle où était la compagnie.

Il se fit alors un grand silence ; on cessa de danser et les violons ne jouèrent plus, tant on était attentif à contempler les grandes beautés de cette inconnue. On n'entendait qu'un bruit confus :

— Ah ! qu'elle est brillante et magnifique !

Toutes les dames étaient attentives à considérer sa coiffure et ses habits, pour en avoir, dès le lendemain, de semblables, pourvu qu'il se trouvât des étoffes assez belles et des ouvriers assez habiles.

Le fils du roi la mit à la place la plus honorable, et ensuite la prit pour la mener danser. Elle dansa avec tant de grâce, qu'on l'admira encore davantage.

On apporta une fort belle collation. Elle alla s'asseoir auprès de ses sœurs et leur fit mille honnêtetés : elle leur fit part des oranges et des citrons que le prince lui avait donnés, ce qui les étonna fort.

Lorsqu'elles causaient ainsi, Cendrillon entendit sonner onze heures trois quarts : elle fit aussitôt une grande révérence à la compagnie, et s'en alla le plus vite qu'elle put. Dès qu'elle fut arrivée, elle alla trouver sa marraine ; et, après l'avoir remerciée, elle lui dit qu'elle souhaiterait bien aller encore le lendemain au bal, parce que le fils du roi l'en avait priée.

Comme elle était occupée à raconter à sa marraine tout ce qui s'était passé au bal, les deux sœurs heurtèrent à la porte : Cendrillon leur alla ouvrir.

— Que vous êtes longtemps à revenir ! leur dit-elle en se frottant les yeux, et en s'étendant comme si elle n'eût fait que de se réveiller.

Elle n'avait cependant pas envie de dormir depuis qu'elles s'étaient quittées.

— Si tu étais venue au bal, lui dit une de ses sœurs, tu ne t'y serais pas ennuyée : il est venu la plus belle princesse, la plus belle qu'on puisse jamais voir ; elle nous a donné des oranges et des citrons.

Cendrillon ne se sentait pas de joie ; elle leur demanda le nom de cette princesse ; mais elles lui répondirent qu'on ne la connaissait pas ; que le fils du roi en était fort en peine, et qu'il donnerait toute chose au monde pour savoir qui elle était.

Cendrillon sourit, et leur dit :

— Elle était donc bien belle ? Mon Dieu, que vous êtes heureuses ! Ne pourrai-je point la voir ? Hélas ! mademoiselle Javotte, prêtez-moi votre habit jaune que vous mettez tous les jours.

— Vraiment, dit mademoiselle Javotte, je suis de cet avis ; prêtez votre habit à une Cendrillon : il faudrait que je fusse bien folle.

Cendrillon s'attendait bien à ce refus, et elle en fut bien aise ; car elle aurait été grandement embarrassée si

.sa sœur eût bien voulu lui prêter son habit.

Le lendemain, les deux sœurs furent au bal, et Cendrillon aussi, mais encore plus parée que la première fois.

Le fils du roi fut toujours auprès d'elle, et ne cessa de la complimenter.

La jeune demoiselle ne s'ennuyait point, et oublia ce que sa marraine lui avait recommandé, de sorte qu'elle entendit sonner le premier coup de minuit, lorsqu'elle ne croyait pas qu'il fût onze heures : elle se leva, et s'enfuit aussi légèrement qu'aurait fait une biche.

Le prince la suivit, mais il ne put l'attraper.

Elle laissa tomber une de ses pan-

toufles de verre, que le prince ra-
massa bien soigneusement.

Cendrillon arriva chez elle bien
essoufflée, sans carrosse, sans laquais
et avec ses méchants habits, rien ne
lui étant resté de toute sa magnifi-
cence qu'une de ses petites pantoufles,
la pareille de celle qu'elle avait laissé
tomber.

On demanda aux gardes de la porte
du palais s'ils n'avaient point vu sortir une princesse : ils dirent qu'ils
n'avaient vu sortir personne qu'une
jeune fille fort mal vêtue, et qui avait
plus l'air d'une paysanne que d'une
demoiselle.

Quand ses deux sœurs revinrent
du bal, Cendrillon leur demanda si

elles s'étaient encore bien diverties, et si la belle dame y avait été.

Elles lui dirent que oui, mais qu'elle s'était enfuie lorsque minuit avait sonné, et si promtement, qu'elle avait laissé tomber une de ses petites pantoufles de verre, la plus jolie du monde; que le fils du roi l'avait ramassée, et qu'il n'avait fait que la regarder tout le reste du bal, et qu'assurément il désirait revoir la personne à qui appartenait la petite pantoufle.

Elles dirent vrai; car, peu de jours après, le fils du roi fit publier à son de trompe qu'il épouserait celle dont le pied serait bien juste à la pantoufle.

On commença à l'essayer aux prin-

cesses, ensuite aux duchesses et à
toute la cour : mais inutilement.

On la porta chez les deux sœurs,
qui firent tout leur possible pour faire
entrer leur pied dans la pantoufle ;
mais elles ne purent en venir à bout.

Cendrillon, qui les regardait, et
qui reconnut sa pantoufle, dit en
riant :

— Que je voie si elle ne me serait
pas bonne !

Ses sœurs se mirent à rire et à se
moquer d'elle.

Le gentilhomme qui faisait l'essai
de la pantoufle, ayant regardé atten-
tivement Cendrillon, et la trouvant
fort belle, dit que cela était juste, et
qu'il avait ordre de l'essayer à toutes
les filles. Il fit asseoir Cendrillon,

et approchant la pantoufle de son petit pied, il vit qu'elle y entra sans
peine, et qu'elle y était juste comme
de cire.

L'étonnement des deux sœurs fut
grand, mais plus grand encore quand
Cendrillon tira de sa poche l'autre
petite pantoufle, qu'elle mit à son
pied.

Là-dessus arriva la marraine, qui,
ayant donné un coup de sa baguette
sur les habits de Cendrillon, les fit
devenir encore plus magnifiques que
tous les autres.

Alors ses deux sœurs la reconnu-
rent pour la belle personne qu'elles
avaient vue au bal. Elles se jetèrent
à ses pieds, pour lui demander par-

don de tous les mauvais traitements qu'elles lui avaient fait souffrir.

Cendrillon les releva, et leur dit, en les embrassant, qu'elle leur pardonnait de bon cœur, et qu'elle les priait de l'aimer bien toujours.

Le père de la jeune fille à la petite pantoufle de verre goûtait une joie indicible en voyant cet heureux changement. Il n'en était pas de même de la belle-mère de Cendrillon, non plus de ses sœurs, qui éprouvaient au fond de l'âme un violent dépit. Pourtant elles se gardèrent bien de le faire paraître, pressentant tout ce qui allait arriver à la jeune sœur, et espérant que ce bonheur rejaillirait sur elles.

Cendrillon fut conduite, comme en

triomphe, dans son élégant carrosse, par sa marraine, au palais du souverain. Le gentilhomme, sa femme et ses filles la suivaient dans une autre voiture, mais beaucoup moins somptueuse.

La fée présenta Cendrillon au roi et à la reine, auprès desquels se tenait le prince leur fils, qui semblait n'avoir pas assez de ses yeux pour contempler celle que son cœur préférait. Il la trouva encore plus belle que jamais, et peu de jours après, avec le consentement de sa famille, il l'épousa.

La cérémonie du mariage fut superbe, les noces magnifiques : il y eut des tournois qui durèrent quinze jours. Le lait, le vin coulaient des fontaines, au lieu d'eau.

Les pauvres se régalèrent aussi bien que les grands seigneurs ; les enfants eurent congé pendant tout le temps des réjouissances, et mangèrent de la bonne crème et des gâteaux à leur volonté.

Enfin, chacun eut sa part de joie dans cette allégresse vraiment publique. Cendrillon, qui était aussi bonne que belle, fit loger ses deux sœurs au palais, et les maria à deux grands seigneurs de la cour.

LE PETIT

CHAPERON-ROUGE

Il était une fois une petite fille de village, la plus aimable qu'on eût su voir; sa mère en était folle, et sa mère-grand plus folle encore. Cette bonne femme lui fit faire un petit

chaperon rouge qui lui seyait si bien,
que partout on l'appelait le Petit Chaperon-Rouge.

Un jour sa mère, ayant fait et cuit
des galettes, lui dit :

— Va voir comment se porte ta
mère-grand, car on m'a dit qu'elle
était malade. Porte-lui une galette
et ce petit pot de beurre.

Le Petit Chaperon-Rouge partit
aussitôt pour aller chez sa mère-
grand, qui demeurait dans un autre
village. En passant dans un bois,
elle rencontra compère le Loup, qui
eut bien envie de la manger ; mais
il n'osa, à cause de quelques bûche-
rons qui étaient dans la forêt. Il lui
demanda où elle allait. La pauvre enfant, qui ne savait pas qu'il était

dangereux de s'arrêter à écouter un loup, lui dit :

— Je vais voir ma mère-grand, et lui porter une galette avec un pot de beurre, que ma mère lui envoie.

— Demeure-t-elle loin ? lui dit le Loup.

— Oh! oui, lui dit le Petit Chaperon-Rouge; c'est par delà le moulin que vous voyez tout là-bas, à la première maison du village.

— Eh bien! dit le Loup, je veux l'aller voir aussi; je m'y en vais par ce chemin-ci et toi par ce chemin-là, et nous verrons à qui plus tôt y sera.

Le Loup se mit à courir de toute sa force par le chemin qui était plus court, et la petite fille s'en alla par le chemin le plus long, s'amusant à cueillir des noisettes, à courir après des papillons, et à faire des bouquets des petites fleurs qu'elle rencontrait. Le Loup ne fut pas longtemps à arriver à la maison de la mère-grand; il heurte.

— Toc, toc.

— Qui est là?

— C'est votre fille, le Petit Chaperon-Rouge, dit le Loup en contrefaisant sa voix, qui vous apporte une galette et un petit pot de beurre, que ma mère vous envoie.

La bonne mère-grand, qui était dans son lit, à cause qu'elle se trouvait un peu mal, lui cria :.

— Tire la chevillette, la bobinette cherra.

Le Loup tira la chevillette, et la

porte s'ouvrit. Il se jeta sur la bonne
femme et la dévora en moins de rien;
car il y avait plus de trois jours qu'il
n'avait mangé.

Ensuite il ferma la porte, et s'alla
coucher dans le lit de la mère-grand,
en attendant le Petit Chaperon-
Rouge qui, quelque temps après,
vint heurter à la porte.

— Toc, toc.

— Qui est là?

Le Petit Chaperon-Rouge, qui entendit la grosse voix du Loup, eut
peur d'abord; mais, croyant que sa
mère-grand était enrhumée, lui répondit :

— C'est votre fille, le Petit Chaperon-Rouge, qui vous apporte une

6

galette et un petit pot de beurre, que ma mère vous envoie.

Le Loup lui cria, en adoucissant un peu sa voix :

— Tire la chevillette, la bobinette cherra.

Le Petit Chaperon-Rouge tira la chevillette, et la porte s'ouvrit. Le Loup, la voyant entrer, lui dit, en se cachant dans le lit, sous la couverture :

— Mets la galette et le petit pot de beurre sur la huche, et viens te coucher avec moi.

Le Petit Chaperon-Rouge se déshabille et va se mettre dans le lit, où elle fut bien étonnée de voir comment sa mère-grand était faite dans son déshabillé. Elle lui dit :

— Ma mère-grand, que vous avez de grands bras !

— C'est pour mieux t'embrasser, ma fille.

— Ma mère-grand, que vous avez de grandes jambes !

— C'est pour mieux courir, mon enfant.

— Ma mère-grand, que vous avez de grandes oreilles !

— C'est pour mieux écouter, mon enfant.

— Ma mère-grand, que vous avez de grands yeux !

— C'est pour mieux voir, mon enfant.

— Ma mère-grand, que vous avez de grandes dents !

— C'est pour mieux te manger.

Et, en disant ces mots, le méchant
Loup se jeta sur le Petit Chaperon-
Rouge, et le mangea.

———————

MOUTONNET

A une centaine de pas de Bellevue,
petit village des environs de Paris,
une maison blanche se cachait sous l'é-
paisse verdure des arbres, comme un
nid dans un buisson. Là, vivaient un
vieux monsieur et une vieille dame,
et leur chat angora qui se nommait
Moutonnet. Le beau matou que c'é-
tait! Il avait deux grands yeux d'or,

une robe cendrée aux poils longs et soyeux, et une queue touffue qui ressemblait au plumet d'un tambour-major.

Le gros et gras ermite était très-aimé à la ronde, parce qu'il était d'une douceur inaltérable et faisait à tous patte de velours ; on ne lui connaissait pas d'ennemi.

D'habitude, il se promenait à travers les allées du jardin, en vrai maître du logis, où il chauffait sa paresse au soleil, quand il ne rôdait pas dans le voisinage, où il était connu et estimé.

— Tiens ! s'écriaient les enfants, voilà Moutonnet ! Et chacun de le caresser et de le prendre dans ses bras.

De joie, le matou enflait son dos et faisait un ronron de béatitude. Jamais il ne tirait ses griffes, jamais il ne montrait les dents. Les fauvettes et les pinsons, pendant qu'il dormait au pied d'un cerisier, sous le beau soleil du bon Dieu, osaient s'approcher de lui, sautiller, battre de l'aile et becqueter le gazon à deux doigts de sa moustache.

Le gros matou était bon, au point de ne pas même faire la guerre aux rats et aux souris, ce dont étaient fort désolés le vieux monsieur et la vieille dame. Aussi les souris, rassurées par l'aménité de son caractère, s'étaient-elles installées dans la maison, où elles vivaient en famille.

Malheur si la servante oubliait de

serrer tout dans sa cuisine ! Elles venaient la nuit grignoter le pain et le
rôti, voler du lard et du fromage, et
elles entassaient leurs provisions
dans les coins les plus secrets de la
cave.

— Il nous faut un autre chat, mon
ami, dit la vieille dame au vieux monsieur ; Moutonnet est trop doux, trop
indolent, et les rats finiront par manger les murs de la maison.

On apporta un autre chat, mais
Moutonnet, au lieu de se réjouir de
l'arrivée de ce compagnon, éprouva
un si vif chagrin, qu'un beau soir on
rendit le nouveau venu à ses premiers
maîtres.

Ce soir-là, il y eut grande fête dans
la cave parmi les souris de la maison

blanche. Rodilard, un vieux rat aveugle, rat plein d'expérience, qui était comme le patriarche de la famille trotte-menu, monta sur un tonneau et fit l'éloge du pacifique Moutonnet.

Il fut décidé par toute la gent souriquoise que l'on chercherait à entrer dans son cœur, et que, pour le séduire, on lui enverrait *Biribette*, une souris blanche comme du lait, si petite, si mignonne, qu'elle se couchait dans le creux d'une noix. L'angora eut un instant l'envie de croquer la pauvrette, mais il eut pitié de son fin museau rose ; il arrondit sa patte, se montra touché de la politesse de mesdames les souris, et promit à Biribette et à sa famille protection et amitié.

Moutonnet, en quadrupède bien élevé, rendit leur visite à ses nouvelles amies, qui le reçurent à merveille et le comblèrent de caresses.

Enchanté d'un si aimable accueil, il remonta par le soupirail de la cave et s'endormit dans les plus charmants rêves du monde.

De leur côté, les souris, heureuses de leur succès, ravagèrent de plus belle les armoires, la cuisine, le gar-de-manger, et s'engraissèrent aux dépens du vieux monsieur et de la vieille dame.

A quelques jours de là, la gentille Biribette, qui visitait souvent Moutonnet, lui remit une lettre où la reine des souris l'invitait à dîner. Le matou, qui était gourmand, ne se fit pas tirer l'oreille et se rendit à tant de courtoisie : il trôna à la place d'honneur, et les meilleures friandises furent pour sa majesté fourrée.

Bientôt l'angora en arriva à s'ennuyer quand un jour se passait sans voir ses petites camarades et surtout Biribette, dont il raffolait : il la berçait entre ses quatre pattes veloutées et léchait son mignon corps blanc. Il se dorlotait dans la flatterie.

Mais le doyen Rodilard, qui avait perdu à la bataille sa queue et la moitié d'une oreille, était resté rat jusqu'au fond du cœur.

Il savait dans sa bonne tête qu'un chat est toujours un chat, et qu'on ne cueille pas de prunes sur les buissons. Avec toute sa bonhomie, feinte

peut-être, Moutonnet ne pouvait-il
pas un beau matin se réveiller avec
griffes et dents ? En sage père de famille, Rodilard avait prévu le cas et
conçu contre lui un projet terrible,
comme vous allez voir.

Quant à Moutonnet, il était sans
méfiance ; en véritable pacha, il passait dans la cave ses nuits et ses jour-
nées. Les souris tressaient ses longs
poils, où elles entrelaçaient des fa-
veurs roses, vertes et bleues, folâ-
traient autour de lui, dansaient en
rond et chantaient des chansonnettes
que leur avaient apprises les rats des
champs, qui presque tous sont musi-
ciens.

Quel tapage font les rats dans la
cave ! disait le vieux monsieur à la

vieille dame, où donc va notre chat ?

Hélas ! il courait à sa perte, car le rusé Rodilard avait juré sa mort. L'heure du complot arriva. Un soir, on le cajola plus que de coutume, on lui lustra le poil, on l'enrubanna si gentiment qu'il se trouva bel et bien ficelé ; et quand il voulut redevenir chat, jouer des dents et de la griffe pour se sauver, il était complétement attaché. Le peuple souriquois se jeta sur la pauvre bête et le tua sans pitié. Pendant son supplice, il poussait des miaulements désespérés.

— C'est singulier ! dit la vieille dame qui réveilla son mari. Entends-tu ce bruit ? A coup sûr, ce n'est pas Moutonnet.

Pendant que l'angora râlait, Biribette, qui avait bon cœur, pleurait dans un coin, la mort de son ami; aussi fut-elle battue et chassée par ses méchantes compagnes.

La servante, quelques jours après, retrouva sous un tonneau le corps de l'infortuné Moutonnet.

On l'enterra dans le jardin, sous le cerisier où il aimait tant à dormir, et le lendemain la vieille dame, qui se promenait avec le vieux monsieur, vit sur le tombeau de Moutonnet une jolie petite souris blanche qui était morte, morte de douleur!

Vous la connaissez? C'était Biribette, qui n'avait pas voulu survivre à son bon ami.

Paris.— Imp. A.-E. Rochette, 72-80, boulevard Montparnasse

www.ingramcontent.com/pod-product-compliance
Lightning Source LLC
Chambersburg PA
CBHW060638100426
42744CB00008B/1671